SAN DIEGO

GUIDA ALLA CITTÀ PIÙ BELLA D'AMERICA

MATTEO FERRARI

INDICE

TANTO DA FARE!

Visitare San Diego per la prima volta può essere travolgente, soprattutto considerando la quantità di attività disponibili. Decidere dove andare e cosa fare può richiedere molto tempo, ed è qui che possiamo aiutarti. Di seguito troverai gli 8 migliori luoghi di San Diego, esperienze che semplicemente *non puoi perderti*.

Godersi la spiaggia

Non importa in quale stagione la visiti, la spiaggia personifica lo stile di vita di San Diego. Che si tratti di osservare la marea o di prendere il sole, la spiaggia è dove si svolge l'azione. Da Mission Beach alle montagne russe di Belmont Park, assicurati di visitare le spiagge.

Assaggiare un taco di pesce

Anche se può sembrare un po' strano, il taco di pesce è uno dei piatti migliori di San Diego. Il pesce impanato e fritto, avvolto in una tortilla di mais, è uno di quei piatti che, una volta assaggiato, ti verrà voglia di mangiare ogni volta che tornerai!

Attraversare il confine con il Messico

Non è un segreto che San Diego confini con il Messico, e Tijuana è una metropoli a sé stante. Visitare Tijuana o la Baja California è perfettamente sicuro sia di giorno che di notte, a prescindere da ciò che potresti aver sentito dire. Tieni presente che hanno le loro leggi, porta il passaporto e goditi tutto ciò che questo paradiso straniero ha da offrire.

Fare un giro sul tram

San Diego non ha il miglior sistema di trasporto pubblico, ma ha il famoso tram MTS. Le autostrade possono essere piuttosto intimidanti, il che rende il tram il mezzo ideale per spostarsi. Se vuoi conoscere meglio la città, acquista semplicemente un pass giornaliero per il tram; vedrai più di San Diego di quanto avresti mai pensato possibile.

Visitare i panda

Sebbene SeaWorld e LEGOLAND abbiano la loro quota di animali, lo zoo di San Diego è famoso per i suoi panda. Lo zoo è un'attrazione turistica, e la piccola Su Lin è un vero piacere per gli occhi. Quando visiti lo zoo di San Diego, fallo al mattino, quando i panda sono più attivi.

Balboa Park

Dopo aver visitato i panda, fai un giro per il gioiello della città: Balboa Park. L'atmosfera è mozzafiato, indipendentemente da quando lo visiti. Tuttavia, se vai di martedì, scoprirai che la maggior parte dei musei offre l'ingresso gratuito. Dopo la visita, cena al ristorante El Prado e goditi un'ottima cena in un ambiente magnifico.

Gaslamp e la vita notturna

Il Gaslamp Quarter, nel centro di San Diego, è il luogo ideale per ballare, mangiare o semplicemente osservare la gente. Qui puoi sperimentare il meglio della vita a San Diego, con cibo per tutti i gusti.

Old Town (Città Vecchia)

Anche se la San Diego storica non è sempre evidente, una visita all'Old Town San Diego State Historic Park può riportare in vita il passato. Ci sono frammenti della vecchia San Diego ovunque. Sebbene ci siano molti ottimi ristoranti qui, assicurati di visitare l'Old Town Mexican Cafe, poiché serve il miglior cibo messicano di San Diego.

FATTI SU SAN DIEGO

Considerando che San Diego è una delle migliori città degli Stati Uniti, è facile capire la sua popolarità tra i turisti. Tra i tanti pregi di San Diego, diamo un'occhiata ad alcune curiosità su questa incredibile città.

Dato 1

Entro i confini cittadini di San Diego, vivono più di 1 milione di persone. Questo la rende la seconda città più grande della California e la sesta più grande di tutti gli Stati Uniti! Nonostante le sue dimensioni, i residenti mantengono ancora quell'atmosfera da piccola città, il che è piuttosto sorprendente.

Dato 2

Non importa il periodo dell'anno, non c'è mai un brutto momento per visitarla. Il clima è quasi perfetto tutto l'anno, il che ti dà l'opportunità di sperimentare tutto ciò che offre. Con una temperatura massima annuale di 21 gradi Celsius e una minima di 13 gradi Celsius, si può praticamente nuotare tutto l'anno.

Dato 3

Se la visiti tra dicembre e marzo, puoi avvistare l'imponente balena grigia. Lungo la costa, durante una gita in barca, puoi osservare questo straordinario mammifero.

Dato 4

A soli 37 chilometri a sud, si trova la bellissima città di Tijuana. Quello che una volta era considerato pericoloso, si rivela essere un luogo incredibile di ospitalità messicana, con ottimi ristoranti, negozi e una piacevole vita notturna.

Dato 5

San Diego offre un'incredibile varietà di fiori e rose. Con un clima secco, si creano le condizioni perfette per le rose, le margherite selvatiche e altri fiori esotici. Con diverse fiori-ture nei mesi invernali ed estivi, gli amanti dei fiori si inna-moreranno di tutto ciò che San Diego ha da offrire.

Dato 6

Non è un segreto che una delle maggiori attrazioni di San Diego siano le sue spiagge. Assicurati di leggere i cartelli, poiché la bellezza delle spiagge varia quasi quanto le regole.

Dato 7

Per quanto riguarda la vita notturna, San Diego ha qualcosa per accontentare tutti i gusti. Dal ballare musica country al cantare in un bar, la città ha una vita notturna molto vivace. Non importa cosa ti piaccia fare la sera, San Diego ha tutto, e probabilmente anche di più.

Dato 8

L'attrazione più importante di San Diego è lo zoo. Lo zoo di 40 ettari ospita quasi 4000 animali, ognuno dei quali ha molto spazio per muoversi. Con i panda visibili a tutti, lo zoo di San Diego è una ragione sufficiente per visitare la città.

Per più di una ragione, San Diego è la città perfetta da visitare. Puoi visitarla con la famiglia o con gli amici, sapendo che avrai sempre posti dove andare e cose da vedere. In inverno o in estate, San Diego è un luogo che non ti annoierà mai.

LA JOLLA, SAN DIEGO

La Jolla, gemma scintillante di San Diego, è una cartolina perfetta con numerose spiagge lungo gli oltre undici chilometri di costa, incastonate tra le colline ondulate del Monte Soledad.

Essendo parte di San Diego, La Jolla dista solo 15 minuti dal centro città. Oltre a splendidi paesaggi, la zona offre anche una vasta gamma di ristoranti eleganti, gallerie d'arte, hotel e resort, e molte altre attrazioni come lo Scripps Institution of Oceanography.

Anche il Birch Aquarium fa parte di La Jolla e offre l'opportunità di immergersi nell'affascinante mondo degli squali, delle barriere coralline viventi e di molte altre mostre sottomarine. Questo acquario svela i misteri dell'oceano e le creature che lo abitano.

La costa di La Jolla è caratterizzata da promontori rocciosi intervallati da calette incontaminate e spiagge sabbiose. Lungo la spiaggia, si trovano diversi hotel e resort, pensati per rendere il soggiorno ancora più piacevole.

La spiaggia di North Pacific Beach si estende fino a La Jolla, partendo dal Crystal Pier a Pacific Beach. Proseguendo verso nord da quest'area, si raggiungono le spiagge di La Jolla.

All'estremità meridionale della costa di La Jolla, si trova Windansea Beach. Windansea Beach è da tempo nota come un paradiso per i surfisti, anche se le spiagge ripide e le scogliere rocciose possono essere molto pericolose se non si presta attenzione.

Vicino al centro di La Jolla, c'è un'area chiamata *Children's Pool*, che un tempo era una piscina per bambini. Oggi, l'area è popolata da foche e leoni marini. Anche se i bambini non possono più nuotare qui, è un ottimo passatempo sdraiarsi sulla spiaggia e guardarli giocare.

Percorrendo la costa di La Jolla, si incontrano le pozze di marea. Queste pozze sono perfette per l'osservazione, ma non vanno toccate. È consigliabile visitarle durante la bassa marea e assicurarsi di indossare calzature con suola in gomma, poiché possono essere piuttosto scivolose.

La Jolla Cove è molto bella, anche se è una delle spiagge più piccole di San Diego. Su entrambi i lati della baia, ci sono scogliere di arenaria, che contribuiscono a creare una sensazione di isolamento.

Tra tutte le spiagge di La Jolla, Shores è la più ampia e lunga. Guardando al largo, si può scorgere lo Scripps Pier. Durante i mesi estivi, sulla spiaggia vengono anche offerte lezioni di immersione per principianti.

Con così tanto da offrire a te e alla tua famiglia, le spiagge di La Jolla sono tra le migliori di San Diego. C'è molto da fare e da vedere, tra ristoranti e nuoto. Per una fantastica vacanza al mare, La Jolla sembra racchiudere il meglio della vita californiana.

Black's Beach

Black's Beach è una distesa di sabbia lunga tre chilometri situata alla base di imponenti scogliere che possono raggiungere i 90 metri di altezza. Formalmente conosciuta come Torrey Pines City Beach, è di proprietà congiunta della città di San Diego e dello Stato della California. In cima alla scogliera che domina la spiaggia, c'è anche un porto per deltaplani, dove si possono ammirare deltaplani appesi e persino deltaplani radiocomandati.

L'accesso a Black's Beach non è agevole a causa delle alte scogliere e della mancanza di scale. L'accesso più sicuro è dalle spiagge adiacenti a nord e a sud, anche se questo percorso può essere ostruito dall'alta marea o dalle onde.

Anche le scogliere sono instabili e possono verificarsi frane in qualsiasi momento, quindi è sempre meglio starne alla larga. Non c'è nemmeno un posto di guardia permanente su questa spiaggia. Ce ne sono alcuni in servizio a mezzogiorno dalle vacanze di primavera fino alla fine di ottobre.

Tieni presente che la maggior parte delle spiagge della California è soggetta a forti correnti di ritorno. Black's Beach non fa eccezione, poiché le correnti di ritorno possono essere molto intense. Per sicurezza, nuota sempre vicino alla riva o vicino a un bagnino.

L'attività acquatica a Black's Beach è praticamente priva di regolamentazione. Surfisti e nuotatori possono condividere lo spazio, ma tutti devono fare attenzione ed evitare di farsi male.

Black's Beach è anche un'ottima spiaggia per il surf, soprattutto all'estremità sud. Le immersioni non sono consigliate, a causa delle difficoltà di accesso e delle condizioni del mare.

Sebbene l'accesso possa essere difficile, Black's Beach rimane una spiaggia eccellente. Offre molta tranquillità, panorami e sabbia per i bambini. Se non ci sei mai stato, questa spiaggia potrebbe facilmente diventare una delle tue preferite in tutta la zona di San Diego.

Children's Pool

Conosciuta anche come *La Casa*, la *Children's Pool* è una piccola spiaggia parzialmente protetta da una diga foranea. L'intento originale era quello di creare una zona balneare completamente protetta, anche se la sabbia ha ormai riempito gran parte dell'area all'interno del muro.

È una spiaggia molto bella, che offre diverse viste panoramiche. Quasi tutto l'anno, ci sono foche e leoni marini presenti sulla spiaggia o nelle vicinanze, con una riserva per questi mammiferi marini, conosciuta come Seal Rock, poco più al largo.

La *Children's Pool* si trova a breve distanza a piedi dalla zona commerciale della comunità di La Jolla. Ci sono aree verdi con prati a breve distanza a nord e a sud. Diverse piccole spiagge sono anche nelle vicinanze, tra cui Wipeout Beach a sud e Shell Beach a nord.

La *Children's Pool* è anche una spiaggia popolare per i subacquei grazie alle barriere coralline vicine alla costa. Queste stesse barriere possono contribuire a creare correnti molto forti e altri pericoli, soprattutto in condizioni di mare mosso.

Servizio di salvataggio

I bagnini sono in servizio tutti i giorni dell'anno. In estate, l'orario di servizio dei bagnini è in genere dalle 9:00 al tramonto. Durante il resto dell'anno, i bagnini potrebbero iniziare il servizio alle 10:00.

Come arrivare

Da nord, prendere la I-5 fino a La Jolla Village Drive, in direzione ovest. All'incrocio segnalato, girare a sinistra su Torrey Pines Road. Seguire questa strada fino a Prospect Street e girare a destra. Prestare attenzione alla segnaletica e girare a destra su Coast Boulevard.

Da sud, prendere la I-5 nord fino a La Jolla Parkway. Continuare a seguirla, poiché diventerà Torrey Pines Road. Seguire questa strada fino a Prospect Street e girare a destra. Prestare attenzione alla segnaletica e girare a destra su Coast Boulevard.

Parcheggio

A La Jolla Cove, c'è una quantità molto limitata di parcheggio in strada. Il parcheggio in strada può essere molto difficile da trovare, soprattutto in estate. È limitato a tre ore nei giorni feriali, mentre non c'è limite nei fine settimana.

Controllare sempre la segnaletica per eventuali restrizioni di parcheggio. Il parcheggio a pagamento è disponibile anche nel centro di La Jolla in diversi punti ed è a breve distanza a piedi dalla spiaggia.

Per una fantastica giornata di divertimento, immersioni o semplicemente per godersi l'acqua, la *Children's Pool* a La Jolla è un ottimo posto dove andare. È sempre consigliabile arrivare presto, poiché può essere molto affollata in estate. Una volta arrivati, rimarrete completamente stupiti da ciò che la *Children's Pool* ha da offrire a te e alla tua famiglia.

Hotel Empress

Situato nel cuore dell'incantevole villaggio di La Jolla, l'Hotel Empress è un palazzo incantato a soli sei chilometri a nord di Mission Bay. Aggiungendo un tocco di bellezza alla già splendida San Diego, questo hotel è molto popolare tra i turisti.

Rinomato per la sua calorosa ospitalità, l'Hotel Empress offre sistemazioni di qualità superiore e un servizio molto attento. Questo hotel di lusso è il luogo ideale per rilassarsi e godersi tutto ciò che San Diego ha da offrire a te e alla tua famiglia.

La Jolla è una località turistica costiera di lusso incastonata tra splendide scogliere e calette. La Jolla offre una vasta gamma di negozi, ristoranti eleganti, gallerie raffinate e spiagge incredibili. Soggiornando all'Hotel Empress, rimarrai affascinato dalla zona e piacevolmente sorpreso.

Lusso

Se cerchi una sistemazione di lusso, l'Hotel Empress fa al caso tuo. Le sistemazioni includono un letto king-size o due letti queen-size, disponibili in diverse tipologie di camere, tra cui tradizionale, deluxe, empress e persino la suite empress spa.

Tutte le camere dell'Hotel Empress sono dotate di:

- Televisione via cavo
- Frigorifero
- Macchina per il caffè e acqua in bottiglia
- Chiamate locali e fax gratuiti
- Segreteria telefonica e porte dati
- Bagno privato con asciugacapelli e accappatoi
- Ferro e asse da stiro

Servizi e comfort

L'Hotel Empress offre un servizio di livello superiore, come il parcheggio assistito, il servizio in camera cortese e altri comfort. La colazione continentale deluxe gratuita include caffè Starbucks appena fatto, servito sulla terrazza ogni mattina. Il ristorante Manhattan è proprio dietro l'angolo e offre un'eccellente cucina. L'hotel offre anche una palestra, una spa e una sauna per coccolare gli ospiti. Possono anche consigliarti spa locali e altre attrazioni nelle vicinanze che potrebbero interessarti.

Per chi è in viaggio di lavoro, l'Hotel Empress offre l'accesso gratuito a Internet su due piani. È possibile organizzare riunioni e conferenze private in una delle due sale riunioni, disponibili per gruppi fino a 50 persone. Entrambe le sale riunioni sono dotate di accesso a Internet ad alta velocità.

Se hai intenzione di soggiornare nella zona di La Jolla, l'Hotel Empress è uno dei migliori hotel della zona. L'hotel si trova in una posizione ideale, a pochi minuti da alcune delle principali attrazioni di San Diego.

Puoi visitare SeaWorld, il Birch Aquarium e molte altre famose attrazioni turistiche. La cosa migliore è che, dopo una giornata trascorsa a visitare La Jolla e San Diego, puoi tornare nel tuo rilassante hotel e semplicemente rilassarti, come dovrebbe essere in vacanza.

Come arrivare a La Jolla

La Jolla, in California, è a 20 minuti di auto dal centro di San Diego tramite l'Interstate 5 nord. Prendere l'uscita Ardath Road, che alla fine diventerà Torrey Pines Road. Proseguire verso ovest su questa strada e si arriverà al villaggio quando si vedrà Prospect Place. Girare a destra su Prospect Place e si entrerà nel cuore di La Jolla.

In media, circa 7.000 persone visitano La Jolla ogni giorno. Con così tanta gente che viene in un posto così piccolo, trovare un parcheggio è quasi sicuramente un'impresa ardua. Non ci sono parchimetri, anche se molte delle strade più vicine all'acqua hanno limiti di tempo di un'ora. Puoi allontanarti un po' per parcheggiare per due ore, ma dovrai rispettare i limiti di tempo. Anche in bassa stagione, il controllo dei parcheggi viene applicato rigorosamente.

Anche durante la bassa stagione, trovare un parcheggio è molto difficile. Le strade sono quasi sempre piene, ma per una buona ragione. La Jolla è un'eccellente attrazione turistica, con tanto mare e divertimento per tutta la famiglia.

Se presti attenzione durante la tua visita, puoi trovare alcuni parcheggi a pagamento sparsi per la città. Se ti avvicini al centro città, i parcheggi saranno un po' più economici.

La tua migliore opzione quando visiti La Jolla potrebbe essere un parcheggio ben nascosto, che poche persone notano. Se giri in discesa su Coast Blvd da Prospect, lo troverai sulla sinistra, proprio di fronte al Cave Store. Tieni presente, tuttavia, che i veicoli più alti di 1,95 metri non possono entrare.

Spiagge di La Jolla

Dalle spiagge per famiglie tipicamente preferite dai turisti alle calette più appartate ambite da surfisti, subacquei e nuotatori, le spiagge di La Jolla offrono qualcosa per tutti. Da Black's Beach a nord a Windansea Beach a sud, la costa di La Jolla è caratterizzata da ripide scogliere di arenaria intervallate da calette e spiagge sabbiose.

Le sue brezze soleggiate ma piacevoli e i panorami perfetti sono un paradiso per i turisti e un punto di riferimento per le attività acquatiche per la gente del posto. Ci sono sette spiagge uniche che punteggiano gli undici chilometri di costa con uno sfondo di proprietà immobiliari, resort, scogliere, alte palme e una vegetazione lussureggiante.

Il centro di La Jolla è situato in posizione strategica vicino alla maggior parte delle spiagge, che offrono non solo parcheggio per i visitatori, ma anche una vasta gamma di ristoranti eleganti, caffè accoglienti, cultura, gallerie d'arte e altri tipi di servizi commerciali.

Tra mezzogiorno e le 16:00, le spiagge di La Jolla possono essere molto affollate. Il consiglio migliore quando si visita una qualsiasi delle spiagge di La Jolla è di arrivare presto e rimanere fino a tardi, in modo da poter godere della magia dei tramonti e dei panorami sull'oceano.

Ogni spiaggia di La Jolla offre qualcosa di unico con diversi modi per godersi la felicità delle proprie vacanze. La Jolla Shores è la spiaggia più popolare per le famiglie con la più grande distesa di spiagge pianeggianti e sabbiose. Se ti piace osservare la gente, prendere il sole e trascorrere giornate di relax in spiaggia, La Jolla Shores è il posto che fa per te.

La Jolla Cove è un'altra spiaggia eccellente, con ripide scogliere di arenaria che offrono panorami incredibili e il paradiso delle acque blu scintillanti per cui la baia è famosa. La Jolla Cove è il sogno di ogni nuotatore grazie alle sue acque calme. Insieme alla *Children's Pool*, la Cove è ricca di barriere coralline che attirano subacquei e amanti dello snorkeling per l'abbondanza di vita marina.

Ci sono diverse grotte di La Jolla scavate dalla natura nelle scogliere di arenaria tra La Jolla Cove e La Jolla Shores che attirano i kayakisti oceanici di tutto il mondo. C'è una grotta in particolare, conosciuta come "Sunny Jim Cave", a cui si accede attraverso un tunnel artificiale che conduce a una ripida discesa attraverso uno stretto cunicolo sotterraneo fino a una piattaforma di legno.

Con così tante spiagge lungo la costa, La Jolla è il posto ideale dove trascorrere i mesi estivi. La Jolla è un'attrazione turistica molto conosciuta, con oltre 7.000 visitatori al giorno. Se ami la spiaggia, La Jolla ti sembrerà il paradiso terrestre.

La Jolla Cove

La Jolla Cove si trova sotto l'Ellen Browning Scripps Park nel centro di La Jolla. La parte sabbiosa della spiaggia è piuttosto piccola, con molte scogliere rocciose. Durante l'alta marea, le rocce circostanti intrappolano l'acqua che rimane come mini pozze di marea quando la marea si ritira, offrendo a bambini e adulti qualcosa da osservare.

La Jolla Cove, 1100 Coast Boulevard, è una spiaggia molto piccola incastonata tra scogliere di arenaria adiacenti. Grazie alla sua straordinaria bellezza, la Cove è una delle spiagge più fotografate della California meridionale. Pur essendo a breve distanza a piedi dalla zona commerciale della comunità di La Jolla, la Cove conserva un suo stile unico.

L'esposizione a nord presenta una quantità insolita di sabbia grossa. L'area erbosa dello Scripps Park si trova dall'altro lato e offre un'ottima area per i picnic. La visibilità dell'acqua nella Cove a volte può superare i 9 metri, il che la rende una zona molto popolare per i subacquei e gli amanti dello snorkeling.

La Cove si trova all'interno della Riserva Ecologica del Parco Sottomarino di San Diego, il che contribuisce a garantire che tutta la vita marina rimanga abbondante. Questa è una zona da osservare ma non da toccare, e la pesca è vietata dalla legge.

La Jolla Cove è un'area eccellente per le immersioni, soprattutto quando le condizioni del mare sono calme. Prima di recarti in spiaggia, dovresti sempre chiamare la linea informativa della spiaggia e consultare i bagnini prima di immergerti.

Con così tanto da offrire a tutta la famiglia, La Jolla Cove è una spiaggia eccellente. C'è molto da ammirare qui, con vista sulle acque più belle della zona. Se cerchi un buon modo per trascorrere una calda giornata estiva, La Jolla Cove è il posto giusto.

Intrattenimento a La Jolla

Ogni anno, La Jolla attrae innumerevoli turisti da tutto il mondo. Con il suo paesaggio pittoresco, i panorami incredibili e l'affascinante cultura, La Jolla è un paradiso per i visitatori. Anche l'intrattenimento della zona soddisfa costantemente la crescente popolazione turistica, rispondendo a una vasta gamma di gusti.

Arte

La Jolla fiorisce e stupisce con le sue raffinate gallerie d'arte. La comunità celebra una vasta gamma di arte, sebbene la maggior parte delle gallerie tenda a privilegiare le opere contemporanee. La Quint Gallery mette in risalto l'arte moderna, con dipinti a olio e acquerelli, insieme a fotografie e sculture.

La La Jolla Gallery presenta diversi artisti contemporanei europei e americani, ospitando sia dipinti che sculture. Proprio in fondo alla strada si trova la Carlton Gallery, dedicata alla scultura, che espone anche arte orientale.

Musica

Sebbene l'arte domini chiaramente l'atmosfera culturale di La Jolla, la musica non viene trascurata. Una varietà di stili dà vita alla musica per turisti e residenti locali. L'Athenaeum Music & Arts Library possiede una collezione di libri e altri pezzi dedicati al mondo musicale.

Durante l'estate, i Concerts by the Sea a La Jolla sono molto popolari tra la gente del posto e i turisti. Situata a La Jolla Cove, questa serie di concerti annuali presenta musica dal vivo in un ambiente oceanico.

Teatro e cinema

La Jolla Playhouse è il teatro più popolare della zona. Il teatro esiste da molti anni ed è ormai noto per le sue nuove opere. Per quanto riguarda il cinema, il Cove Theatre è un cinema vecchio stile che proietta film indipendenti e stranieri spesso trascurati dai cinema tradizionali.

Vita notturna

La vita notturna a La Jolla è vivace e molto energica. The Spot è un locale notturno popolare, situato a La Jolla Village. Un altro ottimo locale è Humphrey's La Jolla Grill. Per chi cerca una risata, The Comedy Store è altamente consigliato.

Attività all'aperto

La soleggiata La Jolla sorprende anche con le sue attività all'aperto. Puoi ammirare viste panoramiche della contea di

San Diego dal Monte Soledad o scalare le misteriose caverne offerte dalle Grotte di La Jolla.

Gli appassionati di golf non vorranno perdersi il Torrey Pines Golf Course, l'unico campo pubblico di tutto il circuito PGA. Chi è in cerca di avventura potrebbe voler vedere La Jolla dall'alto con un volo aereo dal porto per deltaplani di Torrey Pines.

Che tu sia alla ricerca di arte, vita notturna o avventura all'aria aperta, La Jolla offre l'intrattenimento che desideri. Ci sono molte cose da fare qui, il che dà ai turisti più di una ragione per tornare.

La Jolla Shores

Situata all'8200 di Camino del Oro, La Jolla Shores è una spiaggia sabbiosa lunga circa un chilometro e mezzo, adiacente a una zona residenziale. Durante i mesi estivi, le onde su questa spiaggia sono in genere le più calme di tutte le spiagge di San Diego, anche se le correnti di ritorno possono essere a volte molto forti.

Per questo stesso motivo, le lezioni di immersione per principianti si tengono a La Jolla Shores. Il parco erboso di Kellogg Park si trova dietro il principale posto di guardia e offre un'eccellente area per i picnic. Un ampio lungomare in cemento costeggia una vasta area della spiaggia tra la sabbia e il parco.

La spiaggia di La Jolla Shores è adiacente alla Riserva Ecologica Sottomarina di San Diego La Jolla. La rimozione di oggetti da quest'area, così come la pesca, sono vietate. Lo Scripps Pier si trova all'estremità settentrionale della spiaggia, anche se il molo non è aperto al pubblico.

Entro i confini della città, La Jolla Shores ha l'unica rampa per barche di fronte alla spiaggia. È possibile varare piccole imbarcazioni direttamente sulle onde ai piedi di Avenida de la Playa, che si trova a sud del posto di guardia. Questa può essere una zona con terreno accidentato, quindi potresti aver bisogno di un veicolo a trazione integrale.

Se ti piace il surf, ci sono zone specifiche sulla spiaggia dove le onde tendono ad essere piccole. Per le immersioni, l'estremità meridionale della spiaggia è ampiamente utilizzata dalle scuole di immersione.

Durante i mesi estivi, La Jolla Shores può essere molto affollata. Dovresti cercare di andarci la mattina, poiché la folla non è così numerosa. Questa è un'ottima spiaggia per le calde giornate estive, con molto da fare per tutta la famiglia.

Marine Street Beach

Situata vicino alla lussuosa comunità di La Jolla, Marine Street Beach è un piccolo agglomerato di negozi di abbigliamento di alta gamma, hotel, boutique e gallerie. La spiaggia è anche leggendaria per i surfisti e i bodyboarder grazie alle sue onde fragorose che sembrano sempre infrangersi sulla costa al momento giusto.

Tieni presente che questa spiaggia potrebbe non essere ideale per le famiglie, poiché non ci sono bagni pubblici, aree picnic e le condizioni del mare non sono adatte ai bambini. Se hai una famiglia, potresti voler cercare un'altra spiaggia.

Anche se non è la migliore spiaggia per le famiglie, Marine Street Beach offre molta privacy e una bellissima sabbia bianca che può rendere divertente una giornata di sole con gli amici.

Le onde impetuose che si trovano su questa spiaggia sono note per aver ferito gravemente nuotatori e bodyboarder in passato. Se non hai molta esperienza con l'acqua, dovresti sempre assicurarti di rispettare sia l'acqua che le onde.

Durante i mesi estivi e i fine settimana più affollati in autunno e primavera, ci sono bagnini di stanza sulla spiaggia. Dovrai parcheggiare in strada a Marine Street Beach, poiché non ci sono parcheggi pubblici. Dovresti cercare di arrivare presto, poiché può essere molto difficile trovare un parcheggio, soprattutto durante l'estate e i fine settimana.

Come arrivare

Se vieni da nord, prendi la I-5 sud. Prendi l'uscita Genesee Avenue, vai verso ovest e gira a sinistra su Torrey Pines

Road. Scendi dalla collina verso il centro di La Jolla, gira a sinistra su Girard Avenue e poi a destra su Pearl Street. Gira a sinistra su La Jolla Boulevard e poi a destra su Marine Street.

Da sud, prendi la I-5 nord fino a Torrey Pines Road. Una volta arrivato al centro di La Jolla, segui semplicemente le stesse indicazioni di cui sopra.

Monte Soledad

Il Monte Soledad, nella splendida La Jolla, ti dà l'opportunità di godere di incredibili viste a 360 gradi all'ombra di un'imponente croce. Lungo la cima, ci sono numerose targhe commemorative dedicate ai veterani. Il Monte Soledad è davvero splendido da vedere, poiché è un elemento molto noto della zona di La Jolla.

Sul Monte Soledad, ti trovi a oltre 240 metri di altezza all'ombra di una croce alta 13 metri e godi dei panorami e dello splendore che il monte offre. Puoi fare un picnic qui, goderti le viste panoramiche o semplicemente ammirare il tramonto. Il Monte Soledad è anche un ottimo posto per scattare foto, se ti piace la fotografia.

Bellezza, ovunque guardi

Sotto il Monte Soledad si trovano le acque scintillanti di La Jolla Shores e i tetti in terracotta di coloro che sono molto fortunati. A nord, hai la costa che si estende fino alla Contea di Orange.

A sud del Monte Soledad ci sono viste sul Messico con lo skyline della città e tutto ciò che la zona ha da offrire. E a est, ci sono viste a perdita d'occhio.

La Croce

Ti chiederai cos'è la croce e a cosa serve. La storia risale al 1913, quando i residenti di Pacific Beach costruirono una croce di legno rosso e la collocarono sulla cima della montagna. Dieci anni dopo fu rimossa dai ladri e la sostituta fu creata nel 1934, che fu abbattuta dai forti venti nel 1952.

Poco dopo, la Mount Soledad Memorial Association costruì l'attuale croce per commemorare i soldati della guerra di Corea e delle due guerre mondiali. La croce del Monte Soledad è stata oggetto di controversie, sebbene il problema sembrò risolversi alla fine degli anni '90. Il Consiglio Comunale di San Diego vendette la croce e il mezzo acro di terreno circostante alla Memorial Association.

Nel 2002, furono installati piccoli muri per onorare i veterani che si trovano sotto la croce, anche se hanno alimentato ulteriori controversie da parte di coloro che ritengono che l'imponente simbolo metta in risalto i veterani cristiani rispetto ad altri presenti.

Per chi vive nella zona, il Monte Soledad e la Croce sono una vera bellezza. Per i visitatori e i turisti, il Monte Soledad offre panorami incredibili e la Croce sembra aggiungere al dettaglio.

Se visiti La Jolla, assicurati di visitare il Monte Soledad. È molto vicino al centro città e sarà un'esperienza di cui sarai felice di aver dedicato del tempo. La croce è qualcosa che devi assolutamente vedere, poiché le parole non possono descriverla.

Il Birch Aquarium

Più piccolo e intimo di altri acquari, il Birch Aquarium è un luogo dove puoi avvicinarti a tutti gli animali e prenderti il tuo tempo per goderti semplicemente la visita.

Grazie alla sua intimità, sia gli adulti che i bambini si sentono stimolati dall'acquario. Puoi osservare un polpo muoversi su e giù per il vetro o ammirare una medusa fluttuare lentamente nell'acqua. È un'esperienza emozionante per tutti i membri della tua famiglia.

La mostra più popolare del Birch Aquarium è quella dei cavallucci marini. Presenta molte specie diverse, dai minuscoli cavallucci marini pigmei che misurano meno di un pollice di altezza, ai più grandi e sorprendenti draghi marini. Le numerose mostre interattive dell'acquario ti aiuteranno a conoscere la storia dell'oceanografia. Intraprendendo un viaggio simulato in un sommergibile di profondità, imparerai le meraviglie e le stranezze delle profondità oceaniche, anche se potrebbe essere troppo lento per i bambini più piccoli. I bambini di tutte le età apprezzano le mostre che illustrano come i prodotti dell'oceano si trasformino in oggetti di uso quotidiano.

Se hai intenzione di scattare foto alle mostre, tieni conto del vetro e dei riflessi. Se possibile, avvicinati (a circa un piede di distanza) e posiziona il flash con un angolo di 45 gradi. Assicurati di non farti prendere troppo dalla fotografia all'interno dell'acquario, altrimenti potresti perderti lo spettacolo che si svolge all'esterno.

Se stai visitando La Jolla in vacanza o se ci vivi, il Birch Aquarium merita una visita. Ci sono alcune mostre incredibili, con qualcosa per tutti i gusti. Puoi trascorrere ore e ore qui, il che lo rende un luogo da non perdere.

Windansea Beach

Superate tutte le case, gli hotel e i ristoranti di lusso di La Jolla, si trova Windansea Beach. Scendendo dalla collina, questa spiaggia è frequentata da surfisti e bagnanti nelle calde giornate estive. Con scogliere di arenaria, una spiaggia sabbiosa e onde incredibili, Windansea Beach è stata un luogo popolare per il surf fin dagli anni '40 e un punto d'incontro del Windansea Surf Club fin dagli anni '60.

La capanna sulla spiaggia, costruita dai surfisti durante la seconda guerra mondiale, è ora un sito storico di San Diego. La spiaggia è ideale anche per il bodysurf e lo snorkeling. L'estremità settentrionale di Windansea è piuttosto rocciosa, mentre quella meridionale è più sabbiosa, perfetta per le passeggiate lungo la riva. Puoi anche goderti un picnic sull'erba vicino alla spiaggia e ammirare le splendide viste sull'Oceano Pacifico.

A Windansea Beach non ci sono bagni. Durante i mesi estivi, i bagnini sono di stanza lungo la spiaggia, anche in alcuni fine settimana d'autunno e primavera. Ci sono zone separate per il nuoto e il surf sulla spiaggia, senza accesso per sedie a rotelle. Quando la visiti, puoi parcheggiare in strada o provare il piccolo parcheggio singolo vicino alla spiaggia.

Come arrivare alla spiaggia

Windansea si trova al 6800 di Neptune Place circa. Da nord, segui la I-5 sud fino all'uscita Genesee Avenue e poi vai verso ovest. Gira a sinistra su Torrey Pines Road e segui la strada fino al centro di La Jolla. Gira a sinistra su Girard Avenue e poi a destra su Pearl Street. Gira a sinistra su La Jolla Boulevard e poi a destra su Nautilus Street e sei arrivato.

Da sud, segui la I-5 nord fino all'uscita Ardath Road, Ardath Road diventerà Torrey Pines Road. Gira a sinistra da Torrey Pines Road su Girard Avenue. Gira a destra su Pearl Street e poi a sinistra su La Jolla Boulevard. Prendi la prossima a destra su Nautilus Street e sei arrivato.

Windansea è probabilmente una delle spiagge più belle della California meridionale e un luogo ideale per romantiche passeggiate al tramonto. I genitori devono prestare attenzione ai bambini piccoli sulla spiaggia, poiché le onde spesso si infrangono direttamente sulla riva con molta potenza.

Se hai intenzione di visitare Windansea Beach, assicurati di arrivare presto. Come nella maggior parte delle spiagge di San Diego, arrivare presto ti aiuterà a trovare il parcheggio migliore e maggiore privacy quando la folla inizia ad arrivare. Windansea è una spiaggia davvero meravigliosa e merita una visita nelle calde giornate estive.

ISOLA DI CORONADO

In California, è risaputo che le migliori spiagge di San Diego si trovino sull'Isola di Coronado. Collegata al centro di San Diego dal Coronado Bay Bridge, Coronado ospita il centro di addestramento dei SEAL e la Stazione Aerea Navale di Coronado. Un centro nevralgico militare, l'isola di Coronado ha sempre qualcosa da offrire.

Una delle maggiori attrazioni di Coronado è il famoso Hotel del Coronado. Questo hotel costiero in stile vittoriano, fondato nel 1888, era facilmente uno dei più grandi e migliori hotel del suo tempo. In passato, l'hotel ha ospitato l'ineguagliabile Marilyn Monroe e i Duchi di Windsor.

L'Hotel del Coronado offre uno dei migliori servizi della California, insieme a viste mozzafiato sulla zona di San Diego. Il suo ristorante è uno dei migliori della zona e, anche se non si alloggia lì, è possibile godersi un ottimo pasto. Ogni anno, migliaia di persone visitano Coronado solo per soggiornare in questo hotel di livello mondiale; sì, è così bello.

Anche il Ferry Landing è una grande aggiunta a ciò che l'Isola di Coronado offre. Il Ferry Landing Marketplace conta più di 30 negozi, ristoranti e gallerie d'arte. È possibile passeggiare ed esplorare ciò che il mercato offre o godersi una visita al Tidelands Park.

Ci sono ottimi posti per camminare e andare in bicicletta, con viste impressionanti sullo skyline di San Diego. Al tramonto, questo è uno dei posti migliori in cui stare. Il martedì, si può anche trovare un mercato agricolo.

Anche la spiaggia di Coronado si trova qui, lungo il Travel Channel. A nord della spiaggia, si trova la *Spiaggia della Migliore Gita del Fine Settimana*. Anche in estate, la spiaggia di Coronado non è affollata, il che dà alla vostra famiglia molto spazio per godersi le meraviglie di una delle migliori spiagge della California.

Dal Glorietta Bay Inn a Coronado, è possibile fare un tour a piedi. I tour partono più volte a settimana, mostrando tutto ciò che la zona ha da offrire. Questo è un ottimo modo per conoscere meglio la zona. Oppure, se si preferisce, si può lasciare che qualcun altro guidi e provare un tour in risciò.

Per i romantici, la crociera in gondola aiuta ad alleviare le pressioni della vita. Una romantica gita in barca lungo i canali di Coronado Cays può essere un'ottima pausa dalla routine.

È possibile raggiungere l'Isola di Coronado da San Diego prendendo l'uscita del Coronado Bay Bridge sulla I-5. Via acqua da San Diego, è possibile prendere il traghetto di Coronado che parte ogni ora dalle 9:00 alle 22:00. Camminare da Ferry Landing all'Hotel del Coronado richiede poco più di un miglio.

OCEAN BEACH, SAN DIEGO

Situata nella comunità di Ocean Beach, questa spiaggia si trova appena a sud dell'ingresso del canale di Mission Bay. Ubicata al 1950 di Abbott Street, è un luogo molto popolare d'estate. Durante i mesi invernali, le coppie amano passeggiare sulla spiaggia e godersi semplicemente la sua atmosfera.

La spiaggia di Ocean Beach è ampia, lunga circa un miglio. All'estremità nord, si trova un campo da pallavolo. Durante l'estate, il campo è sempre pieno di gente che gioca a pallavolo, mentre la sabbia circostante è gremita di spettatori.

All'estremità sud della spiaggia, si trova il molo municipale di Ocean Beach. Il molo è aperto al pubblico e offre ampie possibilità per passeggiare e pescare. Sul molo c'è un negozio di esche e attrezzatura da pesca, insieme a un ristorante. Sebbene non sia necessaria una licenza per pescare dal molo, si applicano i regolamenti sulla pesca.

Passeggiando verso l'estremità sud della spiaggia, troverete numerosi ristoranti, negozi di surf e molti altri negozi e locali. Si può anche raggiungere l'estremità nord di Ocean Beach, ma quest'area è principalmente frequentata dai residenti della zona costiera.

La parte più singolare di Ocean Beach è *Dog Beach*, situata all'estremità nord. Quest'area sabbiosa è dove i cani possono correre e giocare senza guinzaglio, in qualsiasi momento, giorno e notte. Sebbene i proprietari siano responsabili dei loro animali e della loro pulizia, *Dog Beach* è davvero un posto fantastico per chi ha cani.

Per la vostra sicurezza lungo la spiaggia, ci sono bagnini tutti i giorni, tutto l'anno. Generalmente sono in servizio dalle 9:00 al tramonto, ma potete chiedere loro gli orari specifici. Sono lì per la vostra protezione e molto disponibili a rispondere a qualsiasi domanda possiate avere.

Tenete presente che, sulle spiagge della California, si verificano forti correnti di risacca. A causa di queste correnti, sulle spiagge californiane vengono effettuati oltre 1.000 salvataggi da parte dei bagnini ogni anno. Per stare al sicuro mentre siete a Ocean Beach, San Diego, è sempre consigliabile nuotare vicino a un bagnino.

Per chi ama il surf, questo sport è consentito a Ocean Beach in aree designate. Tuttavia, le immersioni non sono raccomandate a causa della scarsa vita sottomarina, delle forti correnti di risacca e del moto ondoso.

Che sia per nuotare o per godersi lo stile di vita californiano, Ocean Beach è un ottimo posto da visitare. È un luogo molto popolare d'estate, attirando centinaia di migliaia di persone. Se desiderate un assaggio dello stile di vita californiano, assicuratevi di visitare Ocean Beach a San Diego.

BELMONT PARK

Situato nella soleggiata San Diego, Belmont Park è uno dei migliori parchi divertimenti della città. Con una vasta gamma di attrazioni per tutta la famiglia, questo parco ha qualcosa da offrire a tutti. Con giostre per grandi e piccini, e praticamente tutto il resto, Belmont Park offre un'avventura emozionante.

L'attrazione più caratteristica del parco è la montagna russa Giant Dipper. Costruita nel 1925 e restaurata nel corso degli anni, questa montagna russa è davvero unica, in quanto offre rapide discese, ripide salite e una velocità incredibile!

Belmont Park offre anche *Flowrider*, l'onda infinita, perfetta per gli amanti del surf. *Flowrider* offre sessioni orarie e persino lezioni per principianti. Se le onde non fanno per voi, potete optare per gli autoscontri o il *Chaos*. *Chaos* assomiglia a una ruota panoramica, ma crea un movimento tridimensionale casuale. Ogni volta che si sale, l'esperienza è diversa!

Per gli appassionati di videogiochi, c'è una sala giochi per famiglie e *Gamelords*. Questo crea la migliore esperienza di gioco, tenendo occupati bambini, adolescenti e persino adulti per ore.

Altre attrazioni del parco includono *Vertical Plunge*, *Krazy Kars* e la famosa piscina "The Plunge". *The Plunge* è una grande attrazione ed è, infatti, la più grande piscina coperta riscaldata di San Diego. Perfetta per nuotare, tuffarsi e semplicemente divertirsi, *The Plunge* è una meraviglia.

Se cercate emozioni forti, il *Crazy Submarine* e il trampolino vi aiuteranno a sentire l'adrenalina. Per mettere alla prova i vostri limiti, la parete da arrampicata (Rock Wall) offre una sfida unica. Chiunque voglia provarci, può arrampicarsi e vedere se ha davvero la stoffa per arrivare in cima.

Una volta che avrete goduto delle attrazioni, c'è una grande varietà di altre attività ed eventi per tenervi occupati. A Belmont Park, c'è sempre qualcosa da fare. Essendo San Diego un'attrazione turistica, potete scommettere che l'intrattenimento a Belmont Park è spettacolare.

Per i bambini, Belmont Park offre offerte impareggiabili per feste di compleanno o feste private. Se decidete di festeggiare qui, potete praticamente affittare una parte del parco per voi. Per i bambini, questo può essere un ricordo indimenticabile.

Chiuso dal lunedì al giovedì, Belmont Park apre il venerdì e il sabato dalle 11:00 alle 22:00 e la domenica dalle 11:00 alle 20:00. Sebbene il parco sia chiuso nei principali giorni festivi, potete visitarlo nei fine settimana e godervi il miglior intrattenimento.

Per completare il vostro divertimento, assicuratevi di fare un po' di shopping e di godervi il cibo. Belmont Park ha ottime opzioni gastronomiche e commerciali, il che vi dà più di una ragione per visitare il parco e rimanere meravigliati, veramente meravigliati.

OLD TOWN

La Città Vecchia di San Diego funge da rievocazione della vita all'epoca del primo insediamento americano e messicano, tra il 1821 e il 1872. Perfettamente situato a San Diego, il parco aiuta a ricreare ciò che un tempo era questa città. Un viaggio in California non è certamente completo senza una visita alla Città Vecchia di San Diego.

Attorno ai cinque edifici in adobe del complesso principale, si trovano negozi, un museo e diversi ristoranti. Nel patio del giardino, la villa La Casa evoca il sapore dell'antico villaggio. A breve distanza, il museo è ricco di manufatti che riflettono la vita di un tempo.

La Città Vecchia di San Diego vanta anche una fucina, una scuola e diversi altri edifici storici, tra cui la prima sede di un giornale cittadino. Questo è un luogo davvero degno di essere visitato, soprattutto per coloro che desiderano approfondire la storia di San Diego.

La città di San Diego fu il primo insediamento spagnolo in California. Ciò avvenne con la fondazione di un forte e di una missione nel 1769. All'epoca, la California era agli albori del suo popolamento, quindi non si avvicinava minimamente allo stato e alle dimensioni attuali.

Quando visitate la Città Vecchia di San Diego, assicuratevi di visitare il Centro Visitatori Casa Robinson-Rose. Questo centro, oggi ricostruito, espone un modello in scala della Città Vecchia di San Diego com'era nel 1872. Il modello è stato creato da Joseph Toigo.

La Città Vecchia di San Diego offre anche mostre, programmi e persino visite guidate che illustrano com'era la vita nel passato. Potete fare un tour personalizzato con una guida che vi mostrerà i dintorni e ve ne spiegherà i dettagli.

Oltre agli edifici menzionati, il Parco Storico della Città Vecchia di San Diego ospita altri gioielli architettonici. La Casa de Estudillo, ad esempio, è una delle case più grandi e meglio conservate del parco, e offre uno spaccato della vita di una famiglia benestante dell'epoca. È possibile visitare anche la Casa de Bandini, che fu un importante centro sociale e politico nel XIX secolo. Ogni edificio racconta una storia unica e contribuisce alla ricca narrativa del passato di San Diego.

Il parco si impegna anche a ricreare l'atmosfera della Città Vecchia di San Diego attraverso dimostrazioni di antichi mestieri. I visitatori possono osservare gli artigiani che lavorano la pelle, l'argento e altri materiali, utilizzando tecniche tramandate di generazione in generazione. Queste dimostrazioni non sono solo divertenti, ma offrono anche una preziosa opportunità per conoscere le abilità e i mestieri che erano essenziali per la vita quotidiana nel XIX secolo.

Anche la gastronomia gioca un ruolo importante nell'esperienza della Città Vecchia di San Diego. Oltre ai ristoranti che offrono cucina tradizionale messicana, il parco ospita eventi speciali e festival che celebrano la cultura culinaria della regione. Dalle degustazioni alle dimostrazioni di cucina, i visitatori possono deliziarsi con i sapori autentici del passato.

Per chi è interessato ad approfondire la storia della regione, il parco offre una varietà di risorse didattiche. Oltre alle mostre nei musei, è possibile trovare libri, mappe e altro materiale nel negozio di souvenir del parco. Il personale del parco è inoltre a disposizione per rispondere alle domande e fornire ulteriori informazioni sulla storia della Città Vecchia di San Diego.

Pianificare la visita in anticipo può migliorare l'esperienza nella Città Vecchia di San Diego. Il sito web del parco fornisce informazioni aggiornate su orari, eventi speciali e prezzi dei biglietti. Si consiglia inoltre di consultare le previsioni del tempo prima della visita, poiché il clima di San Diego può variare nel corso dell'anno.

Durante la visita al parco, potete anche godervi un picnic in una delle aree designate o acquistare cibo da uno dei numerosi venditori. Sono disponibili servizi, compresi i bagni.

Chi vive a San Diego può trovare la Città Vecchia di San Diego su San Diego Avenue e Twiggs Street. Essendo vicino al centro città, visitare il parco è più facile di quanto si immagini. Se vivete in città ma non avete mai visitato il parco, dovreste farci un salto.

Che siate in vacanza o in visita alla città, la Città Vecchia di San Diego vi trasporta nel passato. C'è molto da vedere e un grande valore storico. Tutto ciò che dovete fare è visitare il parco e scoprire com'era la vita in un'altra epoca.

PACIFIC BEACH

Pacific Beach, affettuosamente chiamata "PB" dai residenti, è uno dei quartieri più iconici di San Diego, in California. Questa vibrante comunità costiera si estende lungo quasi tre chilometri di litorale dorato, dove le onde dell'Oceano Pacifico baciano incessantemente la riva. L'atmosfera rilassata e spensierata di quest'area riflette perfettamente lo stile di vita californiano che tanto affascina i visitatori di tutto il mondo. Gli edifici bassi e le case sulla spiaggia dipinte con colori pastello creano un paesaggio urbano unico che contrasta magnificamente con l'intenso blu dell'oceano. La storia di Pacific Beach risale alla fine del XIX secolo, quando iniziò come una tranquilla comunità di pescatori e agricoltori.

Il famoso lungomare di Pacific Beach, noto come *Ocean Front Walk*, è il cuore pulsante di questa comunità costiera. Questo percorso pavimentato si estende per oltre cinque chilometri, collegando Pacific Beach con Mission Beach a sud. Pattinatori, ciclisti e pedoni condividono questo spazio pubblico godendosi viste panoramiche sull'oceano. I venditori ambulanti offrono una varietà di prodotti locali, dall'artigianato al gelato artigianale. Le palme che costeggiano il lungomare forniscono ombra e aggiungono un tocco tropicale al paesaggio.

La spiaggia principale di Pacific Beach è un paradiso per gli amanti del sole e del mare. Le acque cristalline invitano nuotatori e surfisti durante tutto l'anno, grazie al clima mediterraneo di San Diego. I principianti possono prendere lezioni di surf nelle numerose scuole locali che offrono istruttori esperti. Le onde costanti rendono questa spiaggia un luogo ideale per praticare sport acquatici. I bagnini sorvegliano la zona durante tutto l'anno, garantendo la sicurezza dei visitatori.

Garnet Avenue, l'arteria principale di Pacific Beach, è una festa per i sensi. Ristoranti di cucina internazionale si alternano a boutique di moda e negozi di surf. I profumi della cucina messicana si mescolano all'aria salmastra del mare, mentre i caffè servono abbondanti colazioni ai mattinieri. I negozi specializzati offrono di tutto, dalle tavole da surf all'abbigliamento da spiaggia di design. Bar e locali notturni si animano al tramonto, trasformando il viale in un centro di intrattenimento notturno.

La cultura locale di Pacific Beach è profondamente radicata nel surf e nello stile di vita da spiaggia. I residenti, un mix eclettico di studenti universitari, giovani professionisti e famiglie, mantengono vivo lo spirito rilassato della comunità. I caffè locali servono come punti d'incontro dove i surfisti condividono storie sulle onde del mattino. Gli artisti di strada aggiungono colore e musica agli angoli delle vie. I mercati contadini settimanali riuniscono produttori locali e artigiani.

Il *Crystal Pier*, costruito nel 1927, è uno dei luoghi più fotogenici di Pacific Beach. Le storiche cabine sul molo offrono un'esperienza unica di soggiorno sull'oceano. I pescatori si riuniscono sul molo dall'alba, aspettando pazientemente la loro pesca del giorno. I tramonti dal molo sono spettacolari, con il sole che si tuffa all'orizzonte del Pacifico. I fotografi, sia professionisti che dilettanti, trovano in questo luogo lo scenario perfetto per i loro scatti.

I parchi e gli spazi verdi di Pacific Beach offrono una tregua dal trambusto della spiaggia. Il *Kate Sessions Park*, situato su una collina con vista panoramica sulla baia e sulla città, è perfetto per picnic e attività all'aperto. Gli orti comunitari mostrano la dedizione dei residenti nel mantenere gli spazi verdi nella zona. I parchi giochi moderni e ben tenuti deliziano le famiglie con bambini. Le aree per cani consentono anche agli animali domestici di godersi lo stile di vita all'aria aperta.

La gastronomia a Pacific Beach è tanto varia quanto la sua popolazione. I ristoranti sul lungomare servono pesce e frutti di mare freschi pescati localmente. Le autentiche *taquerias* offrono sapori messicani tradizionali che riflettono la vicinanza al confine. I locali per il brunch sono famosi per i loro *benedict* creativi e i *mimosa* senza fondo. I *food truck* strategicamente posizionati offrono opzioni gourmet per tutte le tasche.

Le attività ricreative a Pacific Beach sono praticamente infinite. Gli appassionati di fitness sfruttano il clima perfetto per fare yoga in spiaggia all'alba. Le società di noleggio offrono attrezzature per tutti i tipi di sport acquatici, dal *paddleboarding* al *kayaking*. I gruppi di corridori organizzano corse settimanali lungo il *Ocean Front Walk*. Le lezioni di ballo in spiaggia e i tornei di pallavolo mantengono attiva la comunità.

L'impegno ambientale è evidente in tutta la comunità di Pacific Beach. I programmi di pulizia della spiaggia periodici mantengono la costa incontaminata e sicura per la vita marina. I ristoranti locali partecipano a iniziative sostenibili, utilizzando prodotti biodegradabili e riducendo l'uso della plastica. Le organizzazioni comunitarie educano residenti e visitatori sull'importanza della conservazione marina. I murales e l'arte pubblica affrontano spesso temi ambientali.

La vita notturna a Pacific Beach offre opzioni per tutti i gusti. I bar sul lungomare servono cocktail tropicali mentre i clienti si godono la brezza oceanica. Le discoteche attirano una folla giovane ed energica con musica dal vivo e DJ famosi. I bar sportivi trasmettono importanti eventi sportivi su schermi giganti. I pub tradizionali offrono un'ampia selezione di birre artigianali locali.

I trasporti a Pacific Beach sono comodi e vari. Il servizio autobus collega la zona con il centro di San Diego e altre principali attrazioni. I servizi di *bike sharing* e *scooter sharing* forniscono opzioni ecocompatibili per esplorare il quartiere. I parcheggi pubblici sono strategicamente situati vicino alle principali attrazioni. I taxi d'acqua offrono un modo unico di viaggiare lungo la costa durante l'estate. Le piste ciclabili ben tenute facilitano gli spostamenti sostenibili.

SEA WORLD

SeaWorld San Diego, situato nella splendida città costiera di San Diego, California, è uno dei parchi a tema più iconici degli Stati Uniti. Fondato nel 1964, questo parco marino è da decenni una meta prediletta da famiglie e appassionati di vita marina. Il parco si estende su 190 acri lungo la pittoresca Mission Bay, offrendo viste spettacolari sull'Oceano Pacifico. I visitatori possono godere di una combinazione unica di intrattenimento, educazione e conservazione marina. Il parco mantiene i più alti standard di cura degli animali e partecipa attivamente a programmi di ricerca e soccorso in mare.

Una delle attrazioni più popolari del parco è il famoso spettacolo delle orche "Orca Encounter". Durante questa presentazione educativa, i visitatori imparano a conoscere il comportamento naturale di queste maestose creature nel loro habitat. Gli addestratori mostrano come comunicano con le orche e spiegano i loro modelli alimentari. Gli spettatori rimangono meravigliati dalla grazia e dalla potenza di questi cetacei. Le tribune dello stadio offrono una vista perfetta per catturare fotografie memorabili. La presentazione combina elementi educativi con momenti spettacolari che lasciano gli spettatori senza fiato.

Il Dolphin Stadium è un altro punto forte che nessun visitatore dovrebbe perdersi. I delfini dimostrano la loro straordinaria intelligenza e agilità in spettacoli interattivi che affascinano il pubblico di tutte le età. Gli addestratori condividono dati interessanti su queste carismatiche creature marine. Gli spettatori possono conoscere le diverse specie di delfini che popolano i nostri oceani. Le presentazioni includono elementi acrobatici impressionanti che mostrano l'incredibile capacità atletiche di questi mammiferi marini. I bambini rimangono particolarmente incantati dalla personalità giocosa dei delfini.

L'acquario Explorer's Reef trasporta i visitatori in un mondo sottomarino ricco di meraviglie. Le vasche cristalline ospitano migliaia di pesci tropicali dai colori vibranti. I visitatori possono toccare mante e squali bambù in piscine appositamente progettate per l'interazione. Gli esperti marini sono sempre presenti per rispondere alle domande e condividere informazioni interessanti. Le mostre sono progettate per simulare gli ecosistemi naturali delle diverse specie. L'illuminazione e il design dell'acquario creano un'atmosfera immersiva che fa sentire i visitatori come se stessero immergendosi nell'oceano.

Le montagne russe Electric Eel offrono emozioni forti per gli amanti dell'adrenalina. Questa moderna attrazione raggiunge velocità fino a 62 miglia orarie e presenta diverse inversioni. I passeggeri sperimentano la sensazione di assenza di peso mentre le montagne russe serpeggiano sui loro binari. L'altezza massima dell'attrazione offre viste panoramiche spettacolari di San Diego. Gli effetti speciali e l'illuminazione aggiungono un ulteriore elemento di emozione all'esperienza.

L'area di Turtle Reef è un santuario dedicato alle tartarughe marine. I visitatori possono osservare diverse specie di tartarughe nuotare leggiadramente in un'enorme vasca da 280.000 galloni. Le mostre interattive educano sulle sfide che queste antiche creature affrontano in natura. I programmi di conservazione e salvataggio delle tartarughe sono spiegati in dettaglio. Gli schermi tattili consentono ai visitatori di apprendere il ciclo di vita delle tartarughe e i loro modelli migratori. L'illuminazione speciale permette di vedere chiaramente i motivi unici dei carapaci di ogni tartaruga.

Il Penguin Encounter offre un'esperienza unica con diverse specie di pinguini. La mostra mantiene temperature fredde per replicare l'habitat naturale di questi uccelli. I visitatori possono osservare i pinguini nuotare, giocare e nutrirsi. Le finestre subacquee permettono di ammirare l'incredibile agilità dei pinguini sott'acqua. Le guide condividono informazioni affascinanti sulle diverse specie e i loro comportamenti sociali. La mostra educa anche sull'impatto dei cambiamenti climatici sulle popolazioni di pinguini.

La zona di Sea Lion Point permette ai visitatori di entrare in contatto con leoni marini e foche. Gli anfiteatri naturali offrono ottimi punti di osservazione per vedere questi animali nel loro elemento. Gli spettacoli comici con protagonisti i leoni marini dimostrano la loro intelligenza e personalità. I visitatori possono conoscere gli sforzi di salvataggio e riabilitazione dei mammiferi marini. Le presentazioni educative spiegano l'importanza di questi animali nell'ecosistema marino.

Il Wild Arctic trasporta i visitatori nell'Artico attraverso una combinazione di mostre dal vivo ed esperienze simulate. I visitatori possono osservare beluga, trichechi e foche nei loro habitat refrigerati. L'attrazione include un'emozionante simulazione di volo sull'Artico. Le mostre educative spiegano l'impatto dei cambiamenti climatici sulla regione artica. I visitatori possono conoscere gli adattamenti unici degli animali artici per sopravvivere in condizioni estreme.

I giardini e le aree di soggiogo del parco offrono spazi tranquilli per rilassarsi. I paesaggi sono progettati con cura con piante native ed esotiche. Le fontane e gli elementi acquatici creano un'atmosfera rinfrescante. Le panchine e le aree ombreggiate offrono luoghi perfetti per riposarsi tra un'attrazione e l'altra. I giardini fungono anche da habitat per uccelli e farfalle locali.

I ristoranti e i chioschi del parco offrono una variegata selezione gastronomica. I visitatori possono gustare pesce fresco e piatti internazionali. Opzioni vegetariane e vegane sono disponibili in diversi ristoranti. I ristoranti a tema combinano la gastronomia con l'intrattenimento. Le aree picnic consentono alle famiglie di portare il proprio cibo e godersi il panorama.

I negozi di souvenir offrono un'ampia selezione di articoli a tema marino. I visitatori possono trovare peluche, abbigliamento e accessori con i motivi dei loro animali preferiti. Libri e articoli educativi sulla vita marina sono disponibili per tutte le età. Le fotografie professionali scattate durante gli spettacoli possono essere acquistate come souvenir. I prodotti esclusivi di SeaWorld sono popolari tra i collezionisti.

I programmi educativi e i campi estivi sono una parte importante della missione del parco. Gli studenti possono partecipare ad esperienze pratiche con biologi marini. Programmi speciali consentono ai visitatori di interagire da vicino con diversi animali. Lezioni e workshop educano sulla conservazione marina e sugli ecosistemi oceanici. I programmi sono progettati per diverse fasce d'età e livelli di conoscenza.

Il centro di soccorso e riabilitazione di SeaWorld ha aiutato migliaia di animali marini. Il personale specializzato lavora 24 ore su 24 per assistere gli animali feriti o malati. I visitatori possono conoscere gli sforzi di conservazione e soccorso del parco. Le storie di successo degli animali riabilitati sono condivise con il pubblico. Il centro partecipa anche a importanti ricerche scientifiche sulla vita marina.

Eventi speciali e celebrazioni stagionali aggiungono ulteriore divertimento all'esperienza. Durante l'estate, gli spettacoli notturni includono spettacoli pirotecnici sulla baia. Le celebrazioni natalizie trasformano il parco con luci e decorazioni festive. I festival gastronomici e musicali offrono ulteriore intrattenimento durante tutto l'anno. Gli eventi speciali di solito includono attività e presentazioni uniche a tempo limitato, non disponibili durante la stagione regolare.

EPÍLOGO

Fin dal primo istante in cui ho messo piede sulle sue splendide spiagge, San Diego ha catturato il mio cuore. La brezza marina, intrisa di quell'aroma salmastro caratteristico, mi ha accolto come un caldo abbraccio del Pacifico. Gli abitanti del luogo mi hanno accolta con sorrisi genuini e quell'atteggiamento rilassato così tipico della California. Il clima perfetto durante tutto l'anno fa sì che ogni giorno sembri una vacanza perpetua. Le palme che costeggiano le strade e il suono costante delle onde creano un'atmosfera che fa dimenticare ogni preoccupazione.

Il Parco Balboa è diventato il mio luogo preferito per trascorrere le domeniche pomeridiane. Gli orti botanici sono una festa per i sensi, con i loro fiori esotici e piante provenienti da tutto il mondo. I musei, con le loro affascinanti mostre, mi hanno insegnato tanto sulla storia e la cultura della regione. Adoro osservare le famiglie che si godono i picnic sugli spazi verdi, mentre gli artisti di strada riempiono l'aria con musica allegra. Lo zoo di San Diego, situato all'interno del parco, è semplicemente il migliore che abbia mai visitato.

La Jolla Cove è davvero un angolo di paradiso. Le foche e i leoni marini che riposano sugli scogli sembrano dare il benvenuto ai visitatori con i loro suoni peculiari. L'acqua cristallina permette di vedere chiaramente i pesci che nuotano vicino alla riva, creando un impressionante acquario naturale. I ristoranti con vista sul mare offrono frutti di mare freschi che fanno venire l'acquolina in bocca. I tramonti a La Jolla sono spettacoli quotidiani che non smettono mai di stupire.

Il Gaslamp Quarter mi trasporta in un'epoca diversa con la sua architettura vittoriana perfettamente preservata. I ristoranti di classe mondiale e i vivaci bar creano un'atmosfera vibrante che si anima soprattutto di notte. La musica dal vivo che proviene dai locali riempie le strade di energia contagiosa. Gli chef locali preparano piatti che sono vere e proprie opere d'arte culinaria. Il connubio tra storia e modernità crea un'atmosfera unica che non ho trovato in nessun'altra città.

Coronado Island è come una fiaba che diventa realtà. Lo storico Hotel del Coronado, con la sua architettura distintiva, sembra uscito da una cartolina vintage. Le spiagge di sabbia dorata si estendono per chilometri, perfette per lunghe passeggiate romantiche. I piccoli caffè e le boutique hanno quel fascino speciale che si trova solo nelle città costiere. I panorami sulla baia di San Diego e sul centro città dall'isola sono semplicemente spettacolari.

Mission Beach mi ricorda perché mi sono innamorata della California. Il lungomare è sempre pieno di vita, con pattinatori, ciclisti e famiglie che passeggiano allegramente. I surfisti sfruttano le onde perfette dall'alba al tramonto. Il parco divertimenti Belmont Park mantiene vivo quello spirito nostalgico delle fiere costiere. Le bancarelle di tacos e le gelaterie offrono sapori che ti fanno venire voglia di tornare ancora e ancora. L'energia giovanile e spensierata è contagiosa.

La Riserva Naturale Statale di Torrey Pines è un tesoro naturale che mi lascia senza fiato ogni volta che la visito. I sentieri offrono viste panoramiche sull'oceano che sembrano uscite da un dipinto. Le scogliere erose raccontano storie geologiche affascinanti. La riserva ospita la rara specie di pino Torrey, che cresce solo in questa regione. Gli avvistamenti di balene dai punti panoramici sono esperienze che non dimenticherò mai.

Little Italy mi ha mostrato che la cultura italiana è viva e vegeta a San Diego. I ristoranti a conduzione familiare servono pasta fresca e pizze che competono con le migliori d'Italia. Il mercato contadino del sabato è un'esplosione di colori, aromi e sapori. Le feste di strada celebrano il patrimonio italiano con musica, arte e cibo eccezionale. La comunità locale ti fa sentire come se facessi parte di una grande famiglia italiana.

Old Town mi trasporta nel Messico coloniale con le sue piazze colorate e gli edifici storici. I mariachi riempiono l'aria di musica tradizionale, mentre i ristoranti servono autentica cucina messicana. I negozi di artigianato espongono prodotti fatti a mano che sono veri e propri tesori. Gli eventi culturali e le celebrazioni mantengono vive le tradizioni messicane. L'atmosfera festosa rende ogni visita un'esperienza memorabile.

Point Loma mi ha regalato alcuni dei migliori panorami sulla città e sull'oceano. Il Cabrillo National Monument, con il suo faro, è un monito del ricco passato marittimo di San Diego. Le pozze di marea sono piccoli mondi sottomarini che affascinano grandi e piccini. I pescherecci che rientrano al tramonto creano scene degne di una cartolina. La tranquillità di questo luogo, unita alla sua importanza storica, lo rende davvero speciale.

Per tutti coloro che stanno pensando di visitare San Diego dalla Spagna, posso assicurare che troveranno un pezzetto di casa in questa meravigliosa città californiana. L'eredità ispanica è profondamente radicata in ogni angolo, dall'architettura coloniale ai nomi delle strade e dei quartieri. La lingua spagnola si sente ovunque, e gli abitanti del luogo apprezzano enormemente il legame storico con la Spagna. La gastronomia messicana e mediterranea vi farà sentire un calore familiare, mentre il clima privilegiato di San Diego vi ricorderà i giorni migliori della costa mediterranea.

Non esitate a fare il grande passo e avventurarvi a conoscere questo gioiello del Pacifico. San Diego vi aspetta a braccia aperte, con il suo perfetto connubio di cultura, natura e modernità. Troverete una città sicura, pulita e straordinariamente accogliente, dove la barriera linguistica non sarà mai un problema. I collegamenti aerei sempre più frequenti tra Spagna e California rendono questo paradiso più accessibile che mai. E ricordate: San Diego non è solo una destinazione, è un'esperienza che vi cambierà il modo di vedere la vita, vi regalerà momenti indimenticabili e vi farà venir voglia di tornare ancora e ancora.

Buon viaggio e arrivederci sulle assolate coste di San Diego!

www.ingramcontent.com/pod-product-compliance
Lightning Source LLC
Chambersburg PA
CBHW061638130726
47996CB00003B/1352